Construyendo el carácter

En contra de la intimidación

por Rebecca Pettiford

Bullfrog Books

Ideas para padres y maestros

Bullfrog Books permite a los niños practicar la lectura de texto informacional desde el nivel principiante. Repeticiones, palabras conocidas y descripciones en las imágenes ayudan a los lectores principiantes.

Antes de leer
- Hablen acerca de las fotografías. ¿Qué representan para ellos?

- Consulten juntos el glosario de fotografías. Lean las palabras y hablen de ellas.

Durante la lectura
- Hojeen el libro y observen las fotografías. Deje que el niño haga preguntas. Muestre las descripciones en las imágenes.

- Lea el libro al niño, o deje que él o ella lo lea independientemente.

Después de leer
- Anime a que el niño piense más. Pregúntele: ¿Alguna vez has experimentado o fuiste testigo de una intimidación? ¿Cómo te sentiste?

Bullfrog Books are published by Jump!
5357 Penn Avenue South
Minneapolis, MN 55419
www.jumplibrary.com

Library of Congress Cataloging-in-Publication Data

Names: Pettiford, Rebecca, author.
Title: En contra de la intimidación / por Rebecca Pettiford.
Other titles: Resisting bullying. Spanish
Description: Minneapolis, MN: Jump!, Inc., 2018.
Series: Construyendo el carácter | Includes index.
Audience: Age 5–8. | Audience: K to Grade 3.
Identifiers: LCCN 2017044714 (print)
LCCN 2017039642 (ebook)
ISBN 9781624966521 (ebook)
ISBN 9781620319819 (hardcover: alk. paper)
ISBN 9781620319826 (pbk.)
Subjects: LCSH: Bullying—Juvenile literature.
Bullying—Prevention—Juvenile literature.
Classification: LCC BF637.B85 (print) | LCC BF637.
B85 P4818 2018 (ebook) | DDC 302.34/3—dc23
LC record available at https://lccn.loc.gov/2017044714

Editor: Kirsten Chang
Book Designer: Michelle Sonnek
Photo Researchers: Michelle Sonnek & Kirsten Chang
Translator: RAM Translations

Photo Credits: All photos by Shutterstock except: Getty, 8, 14–15, 23br; SuperStock, 10–11.

Printed in the United States of America at Corporate Graphics in North Mankato, Minnesota.

Tabla de contenido

NO A LA
INTIMIDACIÓN

Los acosadores intimidan a los demás.

Utilizan malas palabras.
Algunos empujan y golpean.

Nos enfrentamos
a los acosadores.

¿Cómo? Decimos no.

Buscamos ayuda.

Jil se burla de Cam.
¿Qué es lo que él hace?

Se va.

Encuentra a sus amigos.

Carl empuja a Bo.

¿Qué es lo que él hace?

Él dice, "¡No!"

Él no empuja de vuelta.

Un acosador virtual
le dice a Mía insultos.

¿Qué es lo que
ella hace?

Le cuenta a su mamá.

acosador
virtual

Los acosadores
se burlan de Stan.

¿Qué es lo
que él hace?

Le pide ayuda
a un adulto.

Un acosador le grita a Shay.
¿Qué es lo que ella hace?

Ella dice, "¡Para!"

Ella se va.

Nunca intimidamos
a los demás.

Somos bondadosos
con todos.

¡Se amistoso, no un acosador!

Ayuda a frenar la intimidación

Este libro habla acerca de cinco maneras
de detener a los acosadores. Éstas son:
1. Vete del lugar
2. Di, "¡no!" o "¡para!"
3. Dile a un adulto.
4. Pide ayuda.
5. Se amigable.

Puedes poner un poster para recordar las cinco maneras
de cómo detener las intimidaciones.

Necesitarás:

- dos hojas de papel de colores
  (una clara, otra oscura)
- lápiz
- marcadores de colores
- tijeras de seguridad
- pegamento o adhesivo de goma

Instrucciones:

1. Utiliza un lápiz para dibujar
   la forma de tu mano en la hoja clara.
2. Escribe una manera de detener las intimidaciones en cada dedo.
3. Recorta el perímetro de tu mano y pégala a hoja oscura.
4. Cuelga el poster en tu cuarto para que así puedas verlo todos los días.
   Te ayudará a recordar que tan importante es enfrentar a los acosadores
   y a ser buen amigo.

Glosario con fotografías

acosador
Alguien que
no es bueno
con los demás.

amigo
Un aliado.

acosador virtual
Alguien que
manda mensajes
malos a través de
una computadora
o teléfono.

burlarse
Reírse con
el propósito
de tratar mal
a alguien.

DEJA DE INTIMIDAR

Para aprender más

Aprender más es tan fácil como 1, 2, 3.

1) Visite www.factsurfer.com

2) Escriba "encontradelaintimidación" en la caja de búsqueda.

3) Haga clic en el botón "Surf" para obtener una lista de sitios web.

Con factsurfer.com, más información está a solo un clic de distancia.